CRÉDIT FONCIER DE FRANCE

RAPPORT

DE

M. Albert CHRISTOPHLE

Gouverneur du Crédit Foncier

A MONSIEUR LE MINISTRE DES FINANCES

PARIS

IMPRIMERIE ET LIBRAIRIE ADMINISTRATIVES

PAUL DUPONT

4, RUE DU BOULOI, 4

1890

L'incident qui vient de provoquer la crise récente du Crédit Foncier a pris fin. La Chambre des députés, à la majorité de 294 voix contre 174, a passé à l'ordre du jour pur et simple, sur l'interpellation d'un député de la droite royaliste, M. de Lamarzelle, qui demandait au contraire un vote de blâme contre le Gouvernement et, comme conséquence, ma révocation des fonctions de Gouverneur du Crédit Foncier.

La situation « intacte » du Crédit Foncier a été proclamée dans le langage le plus énergique par M. le Ministre des Finances :

« Ce qu'il s'agissait de rechercher, a-t-il dit, de « mettre en lumière, ce qui devait déterminer la réso- « lution du Gouvernement, était la question suivante : « Le Crédit Foncier a-t-il été administré de telle façon « que les gages soient insuffisants, que son crédit soit « atteint ?

« Et l'inspection des finances, avant même que le « Ministre vous apporte cette déclaration, répond : « Non, le crédit de ce grand établissement est intact ; ses « gages sont solides !

1

« *Les irrégularités qu'elle signale, elle les caracté-*
« *rise d'un mot qui porte avec lui son enseignement, qui*
« *met les choses au point exact où elles doivent être vues*
« *quand on les examine de sang-froid, en dehors de toute*
« *question de personne, de toute préoccupation politique;*
« *elle les appelle des " défectuosités" et elle ajoute que*
« *lorsque ces défectuosités auront disparu, le crédit de*
« *l'établissement dont je parle*, déjà puissant et solide,
« *ne pourra que s'accroître, s'élever, se fortifier.* »

*Déjà le Ministre des Finances avait dit, dans son
rapport au Président de la République :*

« *Des investigations auxquelles se sont livrés les Ins-*
« *pecteurs des Finances, il ressort en premier lieu que*
« *la masse des prêts effectués par le Crédit Foncier est*
« *bien gagée, et que la situation de l'établissement, con-*
« *sidérée dans son ensemble, justifie la confiance dont*
« *il jouit.*

« *C'est là, on peut le dire, la constatation essentielle de*
« *l'enquête, soit que l'on se place au point de vue de*
« *l'autorité indispensable à un établissement de la*
« *nature du Crédit Foncier, soit que l'on songe aux*
« *épargnes dont il a fait emploi et qui sont une partie*
« *si notable et si intéressante de la fortune nationale.* »

*Enfin, un député des Bouches-du-Rhône, M. Bouge, a
résumé en ces termes l'opinion qui a prévalu à la
Chambre :*

« *Nous n'avons pas à entrer dans cette question (les*
« *frais de publicité) ; mais ce qu'il faut faire ressortir*

« de ce débat, c'est que l'enquête n'a rien confirmé de ce
« qui avait été dit ici en premier lieu, c'est surtout que
« la solvabilité du Crédit Foncier est absolument intacte.

  « Pour tous les petits capitalistes, pour la petite
« épargne française, il était nécessaire que cette consta-
« tation fût faite, et, pour ma part, je suis heureux que
« M. le Ministre des Finances, avec l'autorité de sa
« parole, l'ait faite à cette tribune et que, sous la réserve
« des observations qu'il a présentées, il ait couvert
« l'Administration du Crédit Foncier, contre laquelle, en
« somme, RIEN DE SÉRIEUX N'A ÉTÉ RÉVÉLÉ. »

Ce langage réduit à leur juste valeur les odieuses
imputations dirigées contre ma gestion. Je ne me suis
jamais abaissé, pour leur répondre, au niveau de mes
calomniateurs. J'ai toujours attendu du temps, de la
force même des choses, la justification éclatante qui ne
manque jamais à celui qui a toujours fait son devoir.

Je prie mes amis et mes adversaires, ceux du moins
qui sont de bonne foi, de lire attentivement mes observations au rapport de MM. les Inspecteurs des Finances.

J'ai, dans ces observations, analysé avec exactitude et
sans chercher à les affaiblir, les quelques '' défectuosités''
(c'est le mot dont ils se sont servi) qu'ils ont relevées
dans une gestion qui embrasse douze années et demie,
et dont le bilan annuel dépasse trois milliards de francs.

J'ai répondu à ces griefs :

C'est à la suite de cet échange de critiques et de
réponses qu'est intervenue la décision ministérielle,

prise en *Conseil du Gouvernement*, qui me maintient à la tête du *Crédit Foncier*.

C'est enfin sur ces documents qu'a porté l'interpellation de M. de Lamarzelle, et que la Chambre a clos l'incident, en passant à l'ordre du jour pur et simple.

Cette victoire définitive de la justice sur la violence et la calomnie est assez éclatante pour n'avoir pas besoin de commentaire.

Ce 2 juillet 1890.

ALBERT CHRISTOPHLE.

CRÉDIT FONCIER DE FRANCE

RAPPORT DE M. Albert CHRISTOPHLE

Gouverneur du Crédit Foncier

A M. LE MINISTRE DES FINANCES

Paris, le 23 juin 1890.

MONSIEUR LE MINISTRE,

Vous avez bien voulu me communiquer le rapport de M. Machart, inspecteur général des finances, en date du 20 courant, sur les questions soulevées par la lettre de démission de M. le sous-gouverneur Lévêque et sur la situation du Crédit Foncier.

Avant de vous présenter nos observations sur les divers points traités dans ce rapport, je vous demande la permission de rappeler de nouveau, aussi brièvement que possible, quelle était la situation de la Société au moment où j'ai été appelé à en prendre le gouvernement et quelle est la situation qui résulte des douze années de ma gestion. Cet examen apparaît, en effet, comme le préliminaire indispensable d'un jugement à porter sur cette gestion.

Au 31 décembre 1878, le capital social du Crédit Foncier était de 130 millions, dont 65 millions versés ; aujourd'hui, ce capital s'élève à 170,500,000 francs entièrement versés.

La réserve obligatoire était de 10 millions 370,512 fr. 24 ; elle est aujourd'hui de 17,121,703 fr. 76.

Les réserves diverses présentaient un total de 53 millions, qui a été plus qu'absorbé par le prélèvement de 16 millions fait en 1880 pour combler la perte résultant de la liquidation du Crédit agricole et un prélèvement de 39 millions fait en 1882 pour libérer de 150 francs les 260,000 actions alors existantes, et, malgré ces prélèvements, ces réserves ont été reconstituées au chiffre actuel de 17 millions 922,375 fr. 82, à l'aide des bénéfices annuels.

La provision pour l'amortissement des emprunts s'élevait à 10,425,250 fr. 29 ; elle s'élève aujourd'hui à 103 millions 542,198 fr. 44.

La provision pour le risque des prêts n'existait pas ; elle s'élève aujourd'hui à 10 millions.

Les dépôts en compte courant ont passé de 69 millions 216,294 fr. 24 à 87 millions 247,232 fr. 96, et les avances sur dépôts de titres de 1,343,187 fr. 87 à 21,418,581 fr. 59.

Le portefeuille de la Société contenait 166,533,865 francs de valeurs égytiennes qui étaient comptées dans l'inventaire au capital *déboursé*, bien qu'elles présentassent, au cours moyen de l'année 1877, une moins-value de 81,934,758 fr. 98, *moins-value* qu'on nous poussait à consacrer par une vente immédiate, dans la crainte d'une situation pire ; nous les avons depuis entièrement réalisées avec un bénéfice de plus de dix millions sur le capital déboursé.

Aujourd'hui notre portefeuille contient 250 millions de *valeurs sur l'Etat français* qui sont comptées dans l'inventaire à un chiffre inférieur de 10 millions à leur valeur au cours de la Bourse.

Les prêts hypothécaires et communaux s'élevaient à 1,350 millions ; ils dépassent aujourd'hui 3 milliards ; de même, les obligations en circulation, qui présentaient un chiffre de 1,300 millions, s'élèvent aujourd'hui à trois milliards.

Enfin, le compte de profits et pertes présentait un solde de 10 millions, dont 5,500,000 francs provenant des prêts ; il présente aujourd'hui un chiffre de 26 millions, dont 19,500,00 francs produits par les opérations de prêts.

Cette situation prospère a profité non seulement aux Actionnaires, mais aussi aux emprunteurs, dans la plus large mesure. Grâce à la conversion des obligations 5 0/0, le Crédit Foncier a pu, en supprimant la commission invariable de 0 fr. 60 0/0, si onéreuse pour l'emprunteur, abaisser le taux des prêts fonciers qui était autrefois de 5 fr. 60, et adopter, même pour les prêts anciens, des taux réduits dont la moyenne est de 4 fr. 76 0/0 ; de même pour les prêts communaux, le taux qui était de 5 0/0, plus une commission fixe de 0 fr. 45, a pu être abaissé en moyenne à 4 fr. 35 0/0 d'intérêt, sans commission.

En outre, tandis que dans le passé la Société faisait à

peine 40 millions de prêts par an, presque tous à Paris ;
tandis que ses prêts communaux consistaient presque
exclusivement dans l'escompte de 6 ou 7 0/0 des bons de
délégation de la ville de Paris, le Crédit Foncier a fait,
depuis 1878, 2 milliards de prêts, c'est-à-dire plus que
dans les 25 années précédentes ; il a étendu à la France
entière ses bienfaits, autrefois bornés à la capitale, et à
l'heure actuelle, les prêts qu'il fait chaque année en
province égalent ceux qu'il fait à Paris.

Il m'a semblé que ces faits valaient la peine d'être
rappelés et qu'il était juste de mettre en regard des critiques la grandeur de l'œuvre accomplie.

Je prends d'ailleurs telle qu'elle est la conclusion finale
du rapport. Il suffira, dit M. l'Inspecteur général,
de faire disparaître les défectuosités qui ont été signalées
plus haut pour que le Crédit Foncier reprenne dans l'opinion publique la situation à laquelle lui donne droit la
valeur de l'ensemble de ses gages.

C'était certes autre chose que des défectuosités qu'il a
fallu faire disparaître dans cette période de relèvement
dont M. Léon Say disait : « Je me félicite, quand je porte
mes regards en arrière, d'avoir pu, étant alors ministre,
prendre l'initiative d'une réorganisation que vous avez
achevée plus tard. »

C'est autre chose aussi sans doute que des défectuosités
que laissait supposer le rapprochement qui avait été fait
entre la situation actuelle du Crédit Foncier et celle du
Comptoir d'Escompte, il y a un an.

Certes, au moment où ce rapprochement était fait, tout

le monde pouvait croire la situation du Crédit Foncier compromise. Au milieu de la tristesse que me causent tous ces incidents, je suis heureux de constater que la force même des choses a amené les inspecteurs à repousser toute assimilation de cette nature et à constater que les faits signalés par M. Lévêque ont certainement de l'importance au point de vue du fonctionnement des services et de la comptabilité du Crédit Foncier, mais qu'ils ne sauraient avoir de conséquences graves pour la sécurité de ce grand établissement.

Ceci posé, je ne dirai plus qu'un mot général, c'est que toutes les investigations de l'enquête ont été facilitées par l'empressement des services, que tout a été ouvert aux inspecteurs et qu'ils ont pu tout voir.

Reprenons maintenant, point par point, les critiques formulées dans le rapport de M. l'Inspecteur général.

Pour introduire plus de clarté dans la discussion, nous examinerons successivement les deux ordres d'opérations traitées au Crédit Foncier, c'est-à-dire les opérations financières et les opérations de prêts.

I

OPERATIONS FINANCIÈRES

Service de M. le Sous-Gouverneur Le Guay.

Opérations de reports.

L'imputation la plus grave relative à ces opérations
était ainsi formulée dans la lettre de démission de
M. Lévêque :

« Il est exact de dire que le Conseil d'administration ne
connaît pas les opérations de la gestion des fonds considé-
rables disponibles et des valeurs de l'établissement ; aussi
faut-il une catastrophe comme la faillite de l'agent de
change Bex, où le Crédit Foncier est engagé jusqu'à
concurrence de dix-huit cent mille francs, pour apprendre
au Conseil d'administration la nature et l'importance de
certaines opérations faites à la Bourse avec les valeurs et
les fonds disponibles de la Société. J'ai étudié les opérations faites avec Bex, je n'hésite pas à dire qu'elles sont
antistatutaires et que, si elles avaient été préalablement
soumises au Conseil d'administration, je les aurais certainement empêchées.

« Dans tous les cas, *les Statuts ne sont pas observés
en ce qui concerne les opérations financières d'une*

importance de plusieurs centaines de millions, puisque celles-ci ne sont pas toutes autorisées par le Conseil d'administration. »

Sur ce point capital, le rapport de l'inspection des finances constate que si le Conseil d'administration n'est pas appelé à surveiller en détail toutes ces opérations, il ne les ignore certainement pas et qu'il connaît les bénéfices qui en résultent. Il ajoute que M. le sous-gouverneur Le Guay a entretenu fréquemment le Conseil de ces questions.

Nous remarquerons seulement qu'il n'est pas possible de dire que le Conseil n'est pas appelé à surveiller en détail ces opérations, alors que les renseignements financiers hebdomadaires distribués à chaque membre du Conseil indiquent tous les mouvements de ces comptes, et qu'en outre, la Commission de vérification des caisses, qui se réunit quatre fois par semaine, est en situation de se rendre compte de l'entrée et de la sortie de tous les titres.

Affaire Bex.

En ce qui concerne spécialement l'affaire Bex, le rapport l'analyse en détail et la résume en disant que c'est une combinaison qui consiste à mettre en report des titres 3 0/0 et à prendre en report des titres 4 1/2 0/0 en bénéficiant de la différence des taux. Il reconnaît que la seconde de ces opérations est autorisée par l'article 1er des Statuts, mais il ajoute qu'en ce qui concerne la première, les Statuts ne prévoient point que les valeurs en portefeuille reçoivent un tel emploi qui, à coup sûr, ajoute le rapport, est assez étranger au but pour lequel le Crédit Foncier a été créé. Il suffira de faire observer que cet emploi constitue simplement un emprunt que fait le Crédit Foncier sur les titres qu'il a en portefeuille.

Ces emprunts, le Crédit Foncier les contracte chaque fois qu'il en a besoin, soit à la Banque de France, soit auprès des grandes Compagnies de chemins de fer, soit auprès des agents de change; les Statuts les prévoient à l'article 34 lorsqu'ils disent que « le Conseil délibère sur les emprunts à contracter avec ou sans hypothèque », et nous ne pouvons comprendre qu'on dise que le Crédit Foncier fait un acte contraire au but pour lequel il a été créé, lorsqu'il se procure de l'argent, à de bonnes conditions, sur des titres qui lui appartiennent. Nous n'insisterons pas, d'ailleurs, sur cette affaire, puisque le rapport déclare qu'il ne lui appartient pas d'apprécier si dans ces négociations le Crédit Foncier a manqué de prudence, ou bien s'il s'est conformé aux pratiques que l'usage autorise.

Nous rattachons aux opérations financières la question des dépenses d'administration, notamment des dépenses de publicité et celle du fonctionnement du compte « Primes à amortir ».

Dépenses de publicité.

Le rapport, reprenant les chiffres portés dans ma lettre du 5 mai dernier, en constate la conformité avec les écritures, et arrive à la moyenne indiquée de 1,600,000 francs par an.

M. l'Inspecteur général se demande si ces dépenses sont proportionnées aux résultats obtenus et il incline à penser que les plus-values de nos valeurs sont dues plutôt à la hausse générale du marché des capitaux ; il cite pour preuve la progression plus considérable des rentes et des obligations des chemins de fer.

Je répondrai d'abord qu'il est bien difficile de déterminer d'avance le chiffre exact des dépenses qu'il est utile de faire en cette matière. Quand on a établi un budget, on s'aperçoit bientôt que de nouvelles difficultés surgissent, que de nouveaux besoins se font sentir et rien n'est plus malaisé que d'observer une mesure rigoureuse. Tous ceux qui sont obligés de faire de la publicité par la voie de la presse le savent.

Je ferai observer, en second lieu, que le rapprochement que fait le rapport entre les obligations du Crédit Foncier d'une part, et, d'autre part, les rentes et les obligations des grandes Compagnies n'est pas très exact. Nos obligations ne tirent, en effet, leur valeur que du crédit de notre établissement, et il y en a pour plus de 3 milliards dans la circulation.

Je ne veux pas terminer sur ce point spécial sans faire une dernière remarque. C'est que les grandes Compagnies de chemins de fer elles-mêmes, bien qu'elles soient assurées d'une garantie d'intérêt, reconnaissent l'utilité du concours continu et effectif de la presse et ne cessent d'y recourir. La répartition des allocations, sous les différentes formes qu'elles affectent, est ordinairement faite dans chaque Compagnie par les soins du Secrétaire général, qui jouit d'un pouvoir très étendu.

L'exposé qui est fait, dans le rapport, de la distribution de notre publicité contient quelques critiques de forme. Je vous ai déjà expliqué, Monsieur le Ministre, l'organisation de ce service; je ne rappellerai que quelques points.

On aurait pu, il est vrai, comme cela se fait dans beaucoup de Sociétés, payer cette publicité au guichet ordinaire des payements. Le payement aurait été constaté dans le livre des dépenses, et le reçu aurait été classé, mêlé à toutes les autres pièces de dépenses de la journée. Il m'a semblé qu'il était préférable, pour toutes sortes de raisons de discrétion et de bon ordre, de faire effectuer les payements de la publicité au Cabinet du Secrétaire général, par un agent placé sous ses ordres et ayant sa confiance. Le Secrétaire général reçoit, à cet effet, du caissier principal des fonds dont il donne reçu, et son reçu est immédiatement transmis à la comptabilité générale.

L'agent placé sous les ordres du Secrétaire général paye aux journaux les sommes mensuelles qui leur sont attribuées, d'après les instructions du Secrétaire général, et d'après les listes arrêtées entre ce dernier et nos agents de publicité.

Ce caissier ne paye que contre des chèques ou des reçus. Il est évident que les chèques dûment acquittés ne sont pas autre chose que des reçus. Le caissier inscrit sur un livre de caisse le nom du journal et la somme qui lui a été remise, et transmet ensuite, journée par journée, ces reçus ou chèques à un chef de bureau de la comptabilité générale, qui les pointe de nouveau, les inscrit sur un nouveau cahier, ainsi que les sommes remises au Secrétaire général, dont il a les reçus, et qui contrôle ainsi les opérations de cette caisse spéciale. Cette comptabilité particulière a été organisée, je le répète, exclusivement pour le bon ordre ; elle n'empêche pas la comptabilité générale de relater, de son côté, dans le grand-livre, ce genre de dépenses ; elle détaille et complète cette dernière.

On a relevé ce fait que les chèques signés par le Secrétaire général sont souvent remplis par le caissier. Cela est vrai ; mais si on songe au grand nombre de chèques délivrés, il est facile de voir que le Secrétaire général, déjà très absorbé, perdrait une partie de son temps à ce travail matériel ; si l'on se rappelle, en outre, que ces chèques ne sont pas destinés à la circulation et qu'ils sont considérés comme de simples reçus, on ne verra aucun inconvénient à ce que le caissier spécial les remplisse, d'après les instructions qu'il a reçues. L'important, c'est que ce chèque porte la signature du Secrétaire général et l'acquit de celui qui l'a encaissé : or, ces deux règles ont toujours été observées.

Je trouve dans le rapport une autre observation. Il y est dit que la personne qui acquitte le chèque ne relate jamais la somme qu'elle a reçue. Or, il n'est pas à ma connaissance qu'une seule Société de crédit exige cette formalité. Un chèque présenté à l'encaissement à un guichet doit seulement porter un acquit. Et la loi du 19 février 1874 qui régit l'emploi des chèques ne parle que de l'acquit (art. 5 et 7) sans exiger la mention de la somme reçue.

Bien que ces critiques soient de pures critiques de

forme, j'ai tenu à y répondre pour montrer que nous avons été très soucieux d'apporter dans cette comptabilité tous les soins nécessaires et toutes les précautions voulues pour assurer la justification et le contrôle de toutes les dépenses.

Ce but a été suffisamment atteint, si je m'en rapporte à cette partie du travail de M. l'Inspecteur général lui-même, où il dit qu'un de ses collaborateurs a vérifié et pointé les reçus et chèques de l'année 1889 et d'une partie de 1888, formant un total de 10,683 reçus ; or, il n'a constaté ni une erreur d'addition, ni l'absence d'aucune pièce justificative. Voilà la véritable question, celle surtout qui nous intéresse, et la même justification se retrouve aussi complète dans les 50,000 reçus classés par journée avec les tableaux explicatifs.

Passons maintenant à l'imputation des dépenses de publicité ; nous avons cru devoir la faire au compte des frais d'émission.

Tant que les fonds d'un emprunt ne sont pas entièrement recouvrés, c'est-à-dire tant qu'il y a des versements à recevoir, le compte de frais d'émission reste ouvert, notamment pour les commissions à payer aux intermédiaires chargés de recevoir et de transmettre les fonds. Il en est de même des pertes d'intérêt provenant des fonds encaissés et non encore employés en prêts. Ces pertes d'intérêt sont portées à ce compte de frais d'émission. L'État ne fait pas autrement pour les intérêts d'un nouvel emprunt de rente. Je pourrais citer presque tous les emprunts de l'Etat. Ce procédé se trouve notamment spécifié dans l'arrêté du 16 juillet 1878, relatif à l'emprunt de 439 millions de rentes amortissables.

Nous croyons donc que le compte de frais d'émission restant ouvert pendant une certaine période, il est juste d'y comprendre tout ou partie du montant des frais de publicité. Il convient d'ajouter que la publicité étant faite aussi bien pour nous attirer la clientèle des emprunteurs que celle des prêteurs, elle profite toujours à l'emprunt dont les fonds sont encore à placer.

Je me hâte de dire que cette addition n'affecte en rien le taux d'intérêt des prêts. En effet, si nous prenons comme exemple l'emprunt 1885, nous voyons que le taux des prêts consentis avec les fonds de cet emprunt a été établi d'une manière définitive dans les lettres adressées, les 20 mars et 26 avril 1885, à M. le Ministre des finances. Dans ces documents, le prix de revient de l'emprunt a été indiqué comme étant de 4.30 0/0 ; le Crédit Foncier a déclaré se contenter, pour répondre au désir du Ministre, d'un écart de 0 fr. 55 au lieu de celui de 0 fr. 60 autorisé par les Statuts, et le taux des prêts a été fixé à 4.85 0/0 à partir du jour de l'émission de l'emprunt.

Depuis, ce taux n'a pas été modifié, et si, par suite de dépenses additionnelles, le prix de revient de l'emprunt s'est trouvé augmenté, les emprunteurs n'en ont nullement souffert ; les Actionnaires seuls ont vu réduire le bénéfice annuel provenant des prêts réalisés au moyen de cet emprunt. Le résultat eût été le même si, au lieu de porter la publicité ultérieure au compte de « Frais d'émission », on l'eût portée à un compte spécial, et qu'on l'eût amortie,

dans la même période que l'emprunt, au moyen d'un prélèvement sur le compte de « Profits et Pertes ». Lors donc que le rapport fait observer que le produit net d'un emprunt diminue en raison de l'augmentation des frais d'émission, cette observation, en ce qui concerne les dépenses de publicité, n'a pas de conséquence au point de vue des emprunteurs.

Du reste, là encore, nous avons devancé les observations du rapport, et pendant l'année 1889 nous avons payé plus de la moitié des frais de publicité au moyen des bénéfices réalisés par la vente de valeurs diverses, c'est-à-dire au moyen d'un prélèvement sur le compte de « Profits et Pertes ».

Quant à l'autorisation, par le Conseil, des dépenses de publicité, ces dépenses sont comprises, en général, dans les frais d'émission du dernier emprunt, dont le total se trouve mentionné dans l'état soumis périodiquement au Conseil d'administration. Ainsi que je l'ai dit plus haut, les censeurs et les administrateurs peuvent, s'ils le désirent, se rendre compte de la situation de cette dépense et demander toutes les explications nécessaires. M. l'Inspecteur général exprime l'idée qu'il serait bon d'aller au devant de leur demande et de constituer même, dans le sein du Conseil, un comité qui serait chargé d'exercer sur ces dépenses un contrôle approfondi. Cette idée, M. l'Inspecteur général l'a trouvée réalisée, et il constate lui-même que j'ai institué, à la fin de l'année dernière, une commission présidée par M. Mathieu Bodet, administrateur, et qui est chargée de dresser et de vérifier le budget de ces dépenses comme celui des frais généraux.

Le rapport rattache cette question à une autre d'ordre plus général : celle de la surveillance que doit exercer le Conseil sur les frais généraux d'administration, et il ajoute que ces dépenses étaient autrefois prévues dans un budget, mais que, depuis huit ou dix ans, on a laissé tomber en désuétude l'usage de préparer ce document et de le soumettre aux délibérations du Conseil.

Un budget normal n'a jamais existé. Ainsi que je l'ai dit dans ma lettre du 5 mai dernier, jamais, sous les gouvernements de M. de Germiny et de M. Frémy, il n'y a eu de budget de prévision. C'est moi-même qui, en 1878, ai institué une commission dite « des Économies », qui a étudié les réformes à apporter aux divers services, et cette commission, au cours de son travail, a dressé un plan de budget. Ce plan a été suivi depuis, et conformément à l'usage de la presque totalité des Sociétés de crédit, où il n'y a pas de budget de prévision, les dépenses se trouvent soumises chaque mois, en même temps que la situation, d'abord à la commission des finances et ensuite au Conseil qui, après examen, arrête la situation à publier.

Le total de ces dépenses est présenté en fin d'année au Conseil lorsqu'il établit les comptes définitifs de l'exercice. Si, au mois de décembre dernier, j'ai institué une commission dite « du budget », ce n'était pas pour me conformer à une obligation statutaire qui n'existe pas, mais pour associer davantage le Conseil aux détails de l'administration et arriver avec son concours à réaliser toutes les réformes possibles.

Les termes mêmes employés pour annoncer au Conseil

et à l'Assemblée générale la constitution de cette commission montrent bien quelle était la situation exacte des choses ; ils montrent également que ce n'est pas à la suite de réclamations absolument fondées présentées par les administrateurs, que c'est sur mon initiative seule que j'ai institué cette commission.

Comptes de primes à amortir et provision extraordinaire.

Les provisions extraordinaires pour l'amortissement des primes et des frais d'émission ont été, comme le constate le rapport, instituées en 1879 pour faire face aux risques que peut imposer au Crédit Foncier le remboursement anticipé de ses prêts. Le rapport trouve trop compliqué le système qui a été adopté pour l'amortissement des obligations, il regrette qu'une méthode uniforme n'ait pas été suivie, et il critique la décision du 29 janvier dernier par laquelle le Conseil a émis l'avis qu'on pourrait à l'avenir réduire de 4.22 0/0 à 3.50 0/0 le taux de capitalisation moyen des provisions extraordinaires.

Nous répondrons que ces provisions sont tout à fait facultatives. Le résultat qu'on cherche à obtenir varie forcément avec la forme de l'emprunt et la quotité de la prime. Les derniers calculs établissent qu'en 1909, c'est-à-dire dans dix-neuf ans, l'application des provisions extraordinaires (qui s'élèveront alors à 122,069,784 fr. 99) à l'abaissement du taux moyen de revient des obligations ramènerait ce taux à 3 fr. 985 0/0. Aucune prescription des Statuts ne nous obligeait à imposer cette charge au présent pour améliorer la situation de nos emprunts dans l'avenir. Pendant les vingt-cinq premières années du fonctionnement du Crédit Foncier, la seule provision faite était la provision ordinaire et nous avons dû faire face, sans ressources antérieures, au payement de toutes les primes sur les obligations 5 0/0 converties en 1879. Nous aurions cru que la pensée de prudence qui nous a fait créer ces provisions nous aurait mérité quelque approbation, même quand la méthode suivie pour le calcul de ces provisions aurait manqué d'une uniformité difficile d'ailleurs à établir puisque le système doit varier suivant la nature et la durée des emprunts et l'importance des primes à amortir.

II

OPÉRATIONS DE PRÊTS

Service de M. le Sous-Gouverneur Lévêque

Le rapport, avant d'aborder la question des prêts, constate tout d'abord que, pour les opérations financières, les faits signalés par M. Lévêque ont certainement de l'importance au point de vue du fonctionnement des services et de la comptabilité du Crédit Foncier, mais qu'ils ne sauraient avoir de conséquence grave pour la sécurité de ce grand établissement.

Le rapport ajoute plus loin qu'il considère comme étant plus graves les critiques qui pourraient être adressées au gouvernement de la Société au sujet des opérations faites à partir de 1880 pour les prêts hypothécaires et surtout pour les conventions passées avec diverses Sociétés.

C'est ce sujet que nous allons aborder maintenant :

Opérations
faites avec le capital social et les réserves.

Le rapport critique la distinction établie par le Crédit Foncier entre les prêts faits au moyen des fonds provenant des émissions d'obligations et ceux qui sont faits avec les fonds du capital social et des réserves.

Il considère que, pour ces derniers comme pour les premiers, toutes les dispositions restrictives du titre IV des Statuts sont rigoureusement obligatoires.

Je ferai remarquer d'abord que si la deuxième catégorie de prêts n'apparaît qu'en 1880, c'est qu'avant cette époque le capital social et les réserves n'étaient presque jamais libres : ils étaient, de 1875 à 1880, engagés tout en- tiers dans les affaires égyptiennes. Aussitôt que la liqui- dation de ces valeurs fut commencée, nous crûmes répon- dre aux règles de la prudence et aux sentiments des Actionnaires en employant une partie des fonds devenus libres en prêts hypothécaires. Le premier de ces prêts fut le prêt supplémentaire de 10 millions consenti à la Rente Foncière sur le Grand-Hôtel. Les termes mêmes employés pour en rendre compte à l'Assemblée générale du 24 avril 1880 résument tout le système, qui n'a jamais été contesté, comme nous le verrons plus loin.

Le rapport de M. l'Inspecteur général prétend qu'aucun article des Statuts n'autorise le Crédit Foncier à conclure des prêts dans des conditions autres que celles fixées par le titre IV. Nous répondrons que ce qu'il faudrait trouver dans les Statuts, c'est une interdiction de faire emploi de cette manière du capital social et des réserves, dont le Conseil a la libre disposition.

L'article 34 des Statuts indique, en effet, d'une manière générale, parmi les pouvoirs du Conseil, celui de délibérer sur « les emplois de fonds ».

Ce même article, paragraphe 4, permet au Crédit Foncier de faire des acquisitions d'immeubles, pourvu que le « prix d'adjudication n'excède pas de plus du quart le montant de la créance », et il est évident que, pour cette partie supplémentaire, ce ne peut être qu'avec le capital social que l'acquisition est faite.

Enfin, l'article 91 dit, dans son dernier alinéa, que « l'emploi des capitaux appartenant au fonds de réserve obligatoire et aux réserves spéciales est réglé par le Conseil d'administration ».

C'est en se fondant sur cette liberté absolue d'action que le tribunal civil de la Seine, dans le jugement rendu, le 26 avril 1878, par le 1re chambre, sous la présidence de M. Aubépin, a pu reconnaître que l'escompte des traites égyptiennes avec les fonds du capital social n'avait rien de contraire aux Statuts.

« Attendu, dit le tribunal, qu'aucune disposition des lois et décrets qui régissent la Société du Crédit Foncier n'interdit l'emploi en opérations financières du capital de

garantie et du fonds de réserve obligatoire, et que, spécialement pour ce dernier fonds, l'emploi en est réglé,
suivant l'article 91 des Statuts, par le Conseil d'administration ;

« Que la nature des choses commandait de ne pas laisser
ces capitaux improductifs, dans l'intérêt bien entendu des
Actionnaires, et qu'une pratique ancienne ostensiblement
suivie les a fait fructifier d'une manière constante à l'aide
de négociations commerciales. »

Il n'est pas besoin de dire que si le tribunal parle
d'opérations financières de la nature de celles traitées
avec l'Égypte, son argumentation s'applique avec bien
plus de force encore à tout emploi se rattachant à l'objet
de la Société.

La théorie appliquée par le Crédit Foncier se trouve
d'ailleurs indiquée dans un rapport adressé à l'empereur
par M. Bineau, ministre des finances, et qui sert d'exposé
des motifs au décret du 6 juillet 1854, relatif à l'organisation du Crédit Foncier.

Dans ce rapport, inséré au *Moniteur universel* du
7 juillet 1854, le ministre s'exprime ainsi :

« Il convient de donner à la Société la faculté, qu'elle
n'a pas aujourd'hui, de faire des prêts hypothécaires *ordinaires* à court terme dont le montant sera remboursable
intégralement à l'expiration de la période stipulée, sans
que l'amortissement se soit chaque année ajouté à
l'intérêt.

« Ces prêts hypothécaires *ordinaires* ne jouiront pas.

pour la purge, le séquestre et l'expropriation du gage, des privilèges que le décret du 28 février a accordés seulement aux prêts remboursables par annuités. Ils ne pourront, de même, donner lieu à émission d'aucune obligation foncière, mais la Société pourra y affecter les fonds provenant de la réalisation de son capital social et de ses bénéfices.

« De cette façon, la Société ne sera jamais inactive ; ce sera un nouveau service qu'elle rendra à la propriété foncière, et ces prêts temporaires à courte échéance seront le plus souvent le commencement et le prélude de prêts à long terme remboursables par annuités, dans lesquels ils viendront bientôt se convertir.

A ce dernier point de vue, cette modification peut avoir une grande importance ; car ces prêts hypothécaires peuvent être un moyen précieux de transformer des habitudes prises et d'initier peu à peu les esprits au mécanisme et aux bienfaits du Crédit Foncier. »

Que peut-on opposer à ce commentaire qui établit si nettement pour le Crédit Foncier le droit de faire, avec les fonds du capital social, des prêts hypothécaires *ordinaires* ne jouissant pas des privilèges de ses prêts spéciaux et n'étant pas soumis aux mêmes règles ?

Invoquera-t-on les deux derniers alinéas ajoutés à l'article premier dans les Statuts de 1882, et qui sont ainsi conçus :

« En aucun cas, et quelles que soient la nature et la provenance des fonds disponibles, la Société ne peut faire aucune opération, soit sous forme d'achat ou de rachat, soit sous forme d'avance ou de reports sur des titres autres que les obligations foncières ou communales et les titres admis par la Banque de France comme garanties d'avances. »

Il suffit d'en lire le texte, dont j'ai moi-même préparé la rédaction, pour comprendre que nous avons voulu limiter simplement ce que nous appellerons les emplois mobiliers des fonds disponibles.

Les observations que nous avons placées en regard dans le document soumis au Conseil d'État expriment d'ailleurs notre pensée.

Nous disions : « La libre disposition des fonds disponibles peut conduire, ainsi que le démontrent les affaires égyptiennes, à des opérations aléatoires et absolument étrangères au but de la Société ; la rédaction nouvelle a pour objet de donner à cet égard toute garantie. »

Nous voulions donc, d'accord avec le Ministre, régler l'emploi du capital au point de vue des valeurs mobilières ; nous voulions particulièrement — la note qui accompagnait notre projet le montre nettement — interdire à la Société l'achat de ses propres actions.

Mais avant comme après cette époque, le Crédit Foncier a continué à faire des prêts sur ses réserves et son capital social sans soulever aucune objection, ni au sein de son Conseil d'administration, qui compte des jurisconsultes éminents, ni de la part de l'administration supérieure, qui connaissait l'état de ces prêts chaque mois par la situation, et chaque année par le rapport à l'Assemblée générale, et

qui en outre a été appelée à l'apprécier plus particulièrement sur le rapport des inspecteurs des finances, c'est-à-
dire en 1882, quand elle a autorisé le Crédit Foncier à
disposer d'une partie de ses réserves pour la libération de
ses actions, et en 1888 quand elle a approuvé l'augmentation du capital social.

Enfin, la loi elle-même a prévu de semblables emplois ;
nous pouvons en citer comme exemples la loi du
2 mars 1885, autorisant la ville de Saint-Pierre (île de la
Réunion) à contracter un emprunt de 3 millions, et la loi
du 22 juillet 1887, relative aux prêts faits pour le tremble-
ment de terre des Alpes-Maritimes.

L'emploi en prêts hypothécaires et communaux du capital
social et des réserves est donc certainement normal et
régulier. La seule question est de savoir dans quelle mesure
cet emploi doit être fait.

Aujourd'hui, les fonds de cette nature forment un total
de plus de 300 millions, et, sur ce chiffre, 91 millions sont
employés en prêts. Mais il faut observer que, sur ces
91 millions, une partie importante pourrait légitimement
être classée dans la catégorie des prêts faits avec les fonds
des obligations ; il ne reste guère que 50 à 60 millions de
prêts qui doivent rester affectés aux réserves, soit un
sixième environ de ces réserves et provisions. Le Conseil
n'a pas l'intention de développer ce genre d'opérations,
mais il a la conviction de n'avoir pas dépassé la mesure
et d'avoir usé avec prudence et sagesse des pouvoirs que
lui confèrent les Statuts. (Nous produisons à l'appui de

notre thèse une consultation de MM. Barboux et Durier, anciens bâtonniers de l'ordre des avocats.)

Opérations ordinaires de prêts.

Le rapport aborde ensuite la question des prêts en général, en ajoutant qu'un grand nombre des observations qui vont suivre affectent les prêts qui, d'après le bilan lui-même, sont faits avec le capital-obligations.

Il reconnaît que les opérations du Crédit Foncier ont pris subitement, en 1880, une très grande extension, puisque les prêts hypothécaires, dont le total avait été d'environ 50 millions pendant chacune des années précédentes, se sont élevés à 219 millions, et que les prêts communaux, qui, en 1879, avaient atteint exceptionnellement 70 millions, ont été portés à plus de 238 millions ; mais le rapport prétend que c'est aussi vers cette époque qu'ont été conclues un certain nombre d'opérations discutables au point de vue des Statuts.

C'est aussi pendant ces dernières années, ajoute M. l'Inspecteur général, que l'on voit se produire des difficultés de plus en plus grandes pour le recouvrement des annuités dues par les emprunteurs. Sans doute, la crise agricole est en partie cause de ces retards ; mais il faut observer que sur les 486 immeubles acquis par la Société par suite d'expropriation, 33 seulement avaient été hypothéqués avant 1880. Il ne saurait donc être douteux, conclut M. l'Inspecteur général, que ce sont les prêts relativement récents qui ont amené les moins bons résultats.

Ces chiffres s'expliquent cependant aisément ; il n'y

avait, il est vrai, en 1878, que 7,000,000 de francs de semestres arriérés, et la proportion était, par suite, un peu moins forte qu'aujourd'hui.

Nous répondrons que l'expérience démontre que c'est surtout dans les premières années de sa durée qu'une opération de prêt peut donner des mécomptes ; en outre, et cette distinction est concluante, la grande majorité des prêts — les trois quarts — était, avant 1880, consentie sur des immeubles à Paris, dont l'estimation beaucoup plus facile ne donne presque jamais de perte ; nous le voyons encore aujourd'hui, puisque sur les 486 immeubles formant notre domaine, deux seulement sont situés à Paris. Il est évident que l'extension de nos prêts à la province, spécialement à la propriété rurale, a été la cause principale de nos risques, de même que la crise agricole venant à la suite du phylloxéra a joué dans nos pertes le rôle le plus considérable.

Le rapport critique ensuite les prêts consentis sur des immeubles en construction. Remarquons d'abord que le législateur a considéré, dès 1860, que les prêts de ce genre rentraient, sous certaines conditions, dans le rôle du Crédit Foncier, puisqu'il a rattaché à notre Société le Sous-Comptoir des Entrepreneurs, ayant dans ses attributions *tout ce qui concerne le commerce et l'industrie du bâtiment*. On peut dire, il est vrai, que le Crédit Foncier avait, dans ce cas, la garantie de cette Société ; mais, il faut bien reconnaître que lorsque les opérations avec le Sous-Comptoir s'élevaient à 120 millions, c'était moins son faible capital de 5 millions que la valeur même des gages qui faisait la sécurité du Crédit Foncier. Le rapport considère ces prêts comme contraires à l'article 55 des Statuts, qui exige, dit-il, que l'immeuble sur lequel un prêt est consenti *produise* un revenu durable et certain.

Nous ferons observer que ce n'est pas là tout à fait le texte de l'article 55, qui dit exactement ceci : « La Société n'accepte pour gage que les propriétés d'un revenu durable et certain. »

M. Josseau, dans son traité, qui fait autorité en la matière, constate, à la page 121, que « la règle signifie uniquement que la Société ne doit accepter pour gage que les immeubles *susceptibles*, soit par une location, soit par l'exploitation directe du propriétaire, de produire un revenu régulier. Tels sont, par exemple, les terres ou terrains, les bois, les maisons d'habitation, etc. C'est ainsi, du reste, continue M. Josseau, que le Crédit Foncier a constamment pratiqué cette règle toutes les fois qu'il a prêté sur des terrains propres à bâtir ne produisant qu'un faible revenu actuel, mais susceptibles d'une élévation plus élevée d'après les éléments d'appréciation qui lui étaient fournis ».

M. Josseau fait remarquer en terminant, avec beaucoup de raison, « qu'en pareil cas la prudence ne saurait être trop recommandée dans l'évaluation du revenu et dans la détermination du chiffre du prêt. »

La question est de savoir précisément si ces opérations ont été imprudentes. Le rapport reconnaît que ce qui pourrait peut-être constituer un danger pour une Société qui serait forcée d'interrompre ses opérations et de réaliser ses ressources, cesse très souvent d'en être un lorsque les opérations se liquident peu à peu en attendant le moment favorable et la fin d'une crise passagère. Certains prêts, dit M. l'Inspecteur général, que nous devons blâmer comme antistatutaires et conclus avec légèreté, donneront même certainement, avec le temps, de bons résultats.

Il cite comme exemple un immeuble sur lequel le Crédit Foncier a prêté 500,000 francs lorsque le gros œuvre était monté jusqu'au premier étage, 250,000 francs après couverture et 250,000 francs après achèvement. Dans le rapport d'estimation de cet immeuble, le revenu net était évalué à 115,000 francs et la valeur de la propriété à 2 millions. Le gouvernement de la Société proposait un prêt de 900,000 francs ; le Conseil l'a porté à 1 million de francs. Le revenu net s'est élevé, à un moment donné, à 80,000 francs ; il est encore supérieur de 8,000 francs au montant de l'annuité du prêt, ainsi que le constate le rapport.

Nous ne pouvons que dire une fois de plus que nous ne saurions prétendre que nous ne nous sommes jamais trompés dans l'évaluation d'un revenu et de la valeur exacte d'un gage. Ce qu'il faut voir, en définitive, c'est le résultat. Or, nous l'avons dit, nous n'avons que deux immeubles à Paris, ce qui veut dire que les opérations critiquées ont été sans conséquences fâcheuses pour nous.

Quant à la province, l'étude de notre domaine montre qu'il tend plutôt à décroître qu'à augmenter et que nous avons, dans tous les cas, en regard des risques, des provisions suffisantes.

Nous pouvons, d'ailleurs, en terminant, donner à ce point de vue des chiffres rassurants.

Les semestres arriérés étaient, au 31 décembre 1889, de 24,829,621 fr. 52.

Ce chiffre de 24,829,621 fr. 52 est réduit, au 30 avril 1890, à 14,725,499 fr. 35, se décomposant ainsi :

Semestres antérieurs à 1886 . . .	258.860 fr.	88
Année 1886	297.774	45
— 1887	526.194	62
— 1888	2.757.779	05
— 1889	10.884.890	35
Total égal.	14.725.499 fr.	35

Nous n'avons donc, ce tableau le démontre, que 560,000 francs de semestres arriérés antérieurs à 1887.

Il n'est pas tenu compte, dans ce relevé, du semestre échéant le 31 janvier 1890, qui s'élevait à 56,548,377 fr. 28, et sur lequel il avait été encaissé au

31 mai	41.899.147 fr.	42
Les semestres arriérés au 31 mai 1889 s'élevaient, au total, à	24.812.266	84
Les semestres arriérés au 31 mai 1890 s'élèvent à	24.481.903	96
Différence en moins. . . .	330.362 fr.	88

bien que, dans l'année 1889, il ait été réalisé 3,515 prêts nouveaux pour une somme de 102,048,308 fr. 79.

Traités avec d'autres Sociétés.

D'après le rapport, les relations du Crédit Foncier avec diverses Sociétés peuvent également être discutées au point de vue de l'observation des Statuts. Il ajoute que le principe même de ces traités, qui engagent sans nécessité le Crédit Foncier, paraît en désaccord avec les règles générales de l'institution et qu'il en résulte de véritables dérogations aux Statuts.

Ce reproche ne peut s'appuyer sur un texte ; nous n'en trouvons aucun qui défende au Conseil de passer des traités. L'article 34 des Statuts porte, au contraire, que le Conseil « délibère sur tous traités ».

Cette remarque faite, nous répondrons d'abord que, d'accord avec le Conseil d'administration, nous avons cru servir l'intérêt général et l'intérêt bien entendu du Crédit Foncier en facilitant la fondation et le développement de ces Sociétés qui ont pour objet de venir en aide à la propriété immobilière. En outre, nous avons toujours soumis au Ministère des Finances ces projets de création et de traités.

C'est ainsi que le traité dit des 200 millions, passé en septembre 1879 avec la Rente Foncière, pour éviter au Crédit Foncier, ainsi que nous l'avons expliqué à l'Assemblée générale de 1880, un remboursement anticipé considérable, a été conclu avec l'approbation de M. Léon Say, Ministre des Finances. L'idée qui a présidé à la fondation de cette Société était certainement une conception juste ; il n'est donc pas étonnant que le Crédit Foncier ait été appelé à lui prêter son concours. Plus tard le Crédit Foncier fut amené à accorder toutes les facilités compatibles avec ses intérêts, non seulement à la Rente Foncière, mais aussi aux Sociétés de construction et aux entrepreneurs qui se trouvaient atteints par la crise qui a sévi longtemps sur l'industrie du bâtiment, après le krach des valeur mobilières en 1882.

Nous reviendrons plus loin sur nos relations spéciales avec la Rente Foncière au point du vue des prêts que nous lui avons consentis. Nous voulons terminer d'abord l'examen de nos rapports avec les autres Sociétés.

En ce qui concerne le Crédit Foncier d'Algérie, ses Statuts ont été approuvés par M. Magnin, Ministre des Finances, dans une lettre adressée par lui, le 17 septembre 1880, à M. le Ministre de l'Intérieur et ainsi conçue :

« J'ai fait examiner les Statuts projetés de la Société en formation du Crédit Foncier et Agricole d'Algérie.

M. le Gouverneur général m'a fait connaître qu'il donnait son approbation à ce projet et j'ai l'honneur de vous informer qu'en ce qui me concerne, je n'ai pas non plus d'objection à y faire. »

Or, le traité établissant le *modus vivendi* entre les deux Sociétés n'est que l'application des Statuts du Crédit Foncier d'Algérie.

De même, l'intervention du Crédit Foncier dans la création de la Compagnie Foncière a été autorisée par une lettre ministérielle en date du 25 juin 1881.

L'expérience ayant démontré qu'un certain nombre des

prêts les plus importants échappaient au Crédit Foncier à cause de la disposition de ses Statuts qui n'autorisent à prêter que 50 0/0 de la valeur des immeubles offerts en gage, le Crédit Foncier a favorisé la création de la Compagnie Foncière de France.

Il lui a facilité, par l'escompte des billets des emprunteurs hypothécaires, des prêts en second rang ne dépassant jamais 75 0/0 de la valeur totale du gage et qui ont permis, dans bien des cas, la réalisation par le Crédit Foncier de prêts en premier rang.

Lorsque, après la crise immobilière, la Compagnie Foncière a dû racheter quelques immeubles qu'à raison des circonstances le Crédit Foncier aurait peut-être été obligé de reprendre lui-même, il a été accordé à cette Compagnie terme et délai. Tel est, en somme, l'objet du traité du 20 janvier 1886 auquel M. l'Inspecteur général fait allusion.

J'ajoute que, quant à la Banque Maritime, dont le genre d'opérations paraissait plus éloigné de l'objet du Crédit Foncier, nous avons communiqué au Ministre des Finances le projet de Statuts de cette Société et le projet de traité à passer avec elle, et le Ministre répondait en ces termes, le 12 avril 1881 :

« Il résulte de l'examen des deux projets que les capitaux engagés dans ces affaires par le Crédit Foncier ne proviendront en aucun cas d'émission d'obligations, non plus que des fonds de dépôts, lesquels ne peuvent être utilisés au delà de quatre-vingt-dix jours. Ils seront pris exclusivement sur le capital social et les réserves dont l'emploi est réglé par le Conseil d'administration (art. 91 des Statuts). Dans ces conditions, le Crédit Foncier n'a pas à réclamer du Ministre une autorisation spéciale pour faire ces sortes d'opérations : le Ministre, de son côté, n'a aucun avis à donner au Crédit Foncier, les stipulations renfermées dans les deux projets *n'étant pas en opposition* avec les Statuts du Crédit Foncier. »

Le rapport discute ensuite les prêts consentis à la Rente Foncière. Les inspecteurs, partant toujours de cette doctrine que les prêts faits avec le capital social sont soumis aux mêmes règles restrictives que les prêts faits avec les fonds des obligations, critiquent la quotité de ces prêts relativement à la valeur du gage.

Il importe d'abord de remarquer que si les immeubles de la Rente Foncière ne sont portés à son actif que pour leur prix de revient (93 millions), leur valeur lors de la conclusion des contrats de prêts a été estimée 101,800,000 francs.

Cette évaluation n'a pas été faite légèrement ; elle a fait l'objet d'un travail très important et très complet établi par trois experts et résumé par le Chef de l'inspection du Crédit Foncier.

Ce travail d'estimation a ensuite été discuté et approuvé par le Conseil d'administration.

Quoi qu'il en soit, les prêts consentis à la Rente Foncière n'ont été réalisés à l'aide des fonds provenant des obligations que jusqu'à concurrence de 47 millions, exigeant une garantie statutaire de 94 millions seulement.

Quant aux 29 millions d'excédent, ils ont été prêtés à

l'aide des fonds provenant du capital social ou des réserves, fonds pour l'emploi desquels, nous l'avons établi, le Conseil est investi des pouvoirs les plus étendus.

M. l'Inspecteur général relève ce fait que, dès novembre 1880, le service de l'examen des titres a signalé un vice de forme pouvant infirmer les hypothèques prises sur les immeubles de la Rente Foncière, et il déclare qu'on a passé outre. Il ajoute que la situation n'a été régularisée qu'en 1887 et il insiste sur l'importance des engagements dont la nullité aurait pu être prononcée au détriment du Crédit Foncier.

Le rapport cherche à établir ainsi en quelques mots un manque de prudence qui aurait été persistant malgré les observations présentées par les bureaux ; mais il n'indique pas en quoi consistait ce qu'il qualifie de vice de forme. Nous sommes obligé, pour répondre, d'entrer dans quelques considérations juridiques.

L'article 2127 du Code civil porte que l'hypothèque conventionnelle ne peut être consentie que par acte passé en la forme authentique ; cet article n'a trait dans ses termes qu'à l'acte même en vertu duquel la constitution d'hypothèque est consentie par le débiteur au profit de son créancier. Il était admis, sans aucune distinction, que les Statuts des Sociétés autorisant l'hypothèque des immeubles sociaux et les délibérations des actionnaires donnant pouvoir au Conseil d'hypothéquer, pouvaient être rédigés dans la forme sous seing privé.

La loi du 23 juillet 1867 est venue, en quelque sorte, confirmer cette pratique, en décidant que les contrats de

Société pouvaient être rédigés par acte sous seing privé.

La pratique, la doctrine, la jurisprudence admettaient sans conteste cette manière de procéder, lorsque la Cour de Paris, par arrêt du 5 juillet 1877, vint jeter une profonde perturbation dans les habitudes adoptées, et déclarer que la délibération des actionnaires autorisant, en présence du silence des Statuts, la constitution d'hypothèque par le gérant, devait être revêtue de la forme authentique.

Il s'agissait, dans l'espèce, d'une délibération d'actionnaires, et la pratique persista à penser que, conformément à la loi de 1867, les Statuts pouvaient toujours être rédigés dans la forme sous seing privé.

Malgré cette opinion, alors unanime, l'Administration du Crédit Foncier crut devoir, pour dégager sa responsabilité, soumettre la question à la Commission du contentieux et ensuite au Conseil.

Après plusieurs séances, la Commission décida que tous Statuts ou Contrats de Société autorisant les emprunts hypothécaires pouvaient être rédigés sous seing privé, mais que le mandat donné au Conseil devait être authentique ; en cela la Commission obéissait à la Cour suprême qui, ainsi qu'il est rappelé plus haut, exigeait l'authenticité du mandat ; la Commission décida en même temps que toute délibération conférant pour un cas spécial et déterminé le pouvoir d'hypothéquer, devait être aussi authentique, ainsi que les procurations d'actionnaires n'assistant pas à l'Assemblée.

Le Conseil, dans sa séance des 15-16 novembre 1880,

approuva, après discussion, les conclusions de la Commission.

Cette décision, conforme à l'opinion générale, répondait en tout point à l'arrêt de 1877.

Plusieurs arrêts postérieurs vinrent confirmer cette jurisprudence.

Enfin, le 23 décembre 1885, la Cour de Cassation, réformant en partie un arrêt de la Cour de Douai, du 20 décembre 1883, fut saisie de la question, dans une espèce où il ne s'agissait pas d'une délibération, mais des Statuts mêmes de la Société ; la Cour suprême alla plus loin que la jurisprudence et la doctrine et exigea l'authenticité des Statuts eux-mêmes.

A partir de ce moment, le rôle de l'Administration était tout indiqué ; elle devait suivre la voie tracée par la Cour suprême. C'est ce qu'elle fit, et dans toutes les nouvelles affaires, à partir de 1886, le service compétent exigea l'authenticité des Statuts, des délibérations et des procurations.

Mais aucun changement ne pouvait être apporté aux prêts de cette nature déjà existants, l'administration étant forcée d'attendre qu'une occasion se présentât, qui lui permît de se faire conférer une nouvelle hypothèque ; c'est ce qui eut lieu en 1887, en ce qui concerne la Rente Foncière.

Nous arrivons maintenant à la conclusion du rapport.

Le fonctionnement du Crédit Foncier, dit M. l'Inspecteur général, semble s'être modifié peu à peu.

Certaines opérations qui ne lui sont pas interdites par
ses Statuts, mais qui, dans la pensée de ses fondateurs,
ne devaient être qu'accessoires ou exceptionnelles, lui
sont devenues habituelles et ont pris une importance considérable. Ainsi, par exemple, les reports.

« Toutes les Sociétés, ajoute le rapport, même celles qui
sont purement industrielles, utilisent ces prêts à brève
échéance pour ne pas laisser leurs fonds de roulement
improductifs.

S'il en est ainsi, comment s'étonner que le Crédit
Foncier qui, avec son capital social, ses réserves,
ses provisions et ses comptes courants, réunit une somme
de près de 400 millions, ait recours à ces opérations et
que, dans d'autres moments, tous ses capitaux étant
placés, il soit amené, d'autre part, à emprunter très tem-
porairement sur ses titres ?

Un reproche plus grave est que le Crédit Foncier prend
part à presque toutes les émissions de valeurs, même à
celles qui n'ont aucun rapport avec l'objet en vue duquel
il a été créé. Le rapport n'ayant pas énuméré les émissions
auxquelles le Crédit Foncier a pris part, nous sommes
obligés de suppléer à ce silence et de passer rapidement
en revue les affaires auxquelles le Crédit Foncier a été
mêlé directement ou indirectement dans ces dernières
années.

Il ressortira de cet exposé cette démonstration que si la
haute situation conquise par le Crédit Foncier et la faveur
dont il jouit auprès du public l'ont désigné souvent au
Gouvernement pour la mise en œuvre d'entreprises ou

d'opérations d'une utilité générale, il a plutôt accepté que
recherché cette immixtion.

C'est ainsi que dans l'exposé des motifs du projet
de loi sur le chemin de fer métropolitain, projet qui
porte la signature du Ministre des Finances et du
Ministre des Travaux Publics, le Gouvernement s'exprimait ainsi :

« Il nous paraît d'une importance capitale que le conces-
sionnaire soit une personnalité financière indiscutable,
dont le nom seul donne la certitude que l'entreprise sera
organisée et conduite avec un réel souci de l'intérêt
général. Nous avons demandé à l'honorable M. Christophle,
gouverneur du Crédit Foncier, s'il consentirait à diriger
l'opération. Il a bien voulu accepter cette tâche, et c'est à
la Société qu'il constituera que nous vous proposons
d'accorder la concession. »

C'est ainsi encore que dans l'émission des différentes
catégories de bons (bons de la Presse, bons des Loteries
réunies, bons Algériens et bons de l'Exposition), c'est
toujours sur le désir du Gouvernement que le Crédit
Foncier est intervenu. Nous avons même demandé pour
les bons algériens que le Gouvernement se fît couvrir par
une question posée à la Chambre des députés. En répon-
dant à cette question, M. Bourgeois, alors sous-secrétaire
d'État au ministère de l'intérieur, s'exprimait ainsi :

« Nous nous sommes adressés au Crédit Foncier et
nous avons été heureux de constater qu'avec le plus grand
empressement et en s'associant complètement aux vues de
bienfaisance qui sont celles du Gouvernement, le Crédit

Foncier a consenti à étudier une combinaison dans laquelle, sans rechercher aucun profit particulier, il se fera l'intermédiaire du placement des bons à lots qui seront émis..... Il fallait avoir le concours de cet établissement pour être certain de trouver la garantie d'honorabilité absolue, de régularité rigoureuse dont je parlais tout à l'heure. »

Pour les bons de l'Exposition, le Crédit Foncier alla plus loin ; il demanda et obtint l'intervention législative, qui s'était déjà produite pour l'approbation du traité relatif à la création de l'Association de garantie. Nous ne sommes pas encore assez loin de ces événements pour qu'on puisse prétendre que dans ces circonstances le Crédit Foncier n'a pas rendu un signalé service à l'État et au pays. Quelles sont donc les autres émissions auxquelles le Crédit Foncier a pris part ? Quelles sont celles où il a engagé ses capitaux ? Est-il exact de dire que le Crédit Foncier est arrivé à être rangé parmi les grandes maisons de banque qui se chargent de toutes les opérations financières ?

Cette transformation de la marche de la Société, elle s'est opérée, il est vrai, et nous en avons la trace dans la transformation simultanée du portefeuille du Crédit Foncier, qui, en 1878, contenait, je l'ai rappelé plus haut, 166 millions de valeurs égyptiennes et ne contient plus aujourd'hui que des valeurs sur l'État français. On nous reproche cette grande accumulation de capitaux disponibles ; on nous reproche aussi de manier ces capitaux de façon à réaliser des bénéfices dont les Actionnaires ont profité.

On pense aussi qu'il nous est interdit d'employer ces fonds, dont nous avons la libre disposition, en opérations de prêts faites pour préparer ou faciliter les prêts à réaliser avec les obligations. On nous interdirait volontiers d'escompter les effets des Sociétés annexes qui, toutes, quoi qu'on dise, se rattachent au but du Crédit Foncier.

On admet à peine, parce que les Statuts le prévoient formellement, que nous fassions, avec ces fonds, des reports sur nos rentes françaises, et on écarte la contre-partie nécessaire des emprunts sur titres quand le besoin s'en fait sentir.

Nous nous demandons quel emploi reste alors à faire de ce capital.

En résumé, Monsieur le Ministre, nous estimons que nous avons réfuté ici, en les prenant une à une, les critiques qui nous ont été adressées.

Nous demandons, en terminant, qu'il nous soit permis de dire que ce qui surtout devait mériter l'attention, c'était la situation générale de l'établissement prise dans son ensemble. Que dans une administration qui remonte à douze années il ne se soit glissé aucune erreur, c'est ce que, pour mon compte, je n'ai jamais prétendu. Il est aisé de critiquer des opérations dont le nombre et l'importance croissent chaque jour. Quelle est la Société de crédit, l'opération industrielle qui, si l'on se place à ce point de vue exclusif du détail des affaires, pourrait subir un tel jugement contre lequel proteste la faillibilité humaine ? L'État lui-même, si obligé qu'il soit à des règles strictes, à une correction exceptionnelle, minutieuse et réglée par la loi, les décrets, les circulaires ministérielles, pourrait-il rester indemne sous un tel contrôle?

Il faut, pensons-nous, se placer à un point de vue plus général et juger les choses de plus haut.

L'étude complète et approfondie des éléments de notre bilan, tant actif que passif, montre, avec une évidente clarté, que notre capital social, successivement porté depuis douze ans de 65 millions versés à 170,500,000 francs, est absolument intact; qu'il est placé, conformément aux Statuts, en valeurs sur l'État français ou en prêts fonciers et communaux; que nos réserves et nos provisions dont l'ensemble est de 150,000,000 francs sont effectivement acquises, réellement existantes, représentées dans nos caisses ou dans notre portefeuille par des valeurs dont le montant total et non majoré correspond exactement au solde total de ces réserves et provisions dans les écritures.

Il est facile de constater sur ces points essentiels l'accord complet et indiscutable des déclarations publiques de nos rapports à l'assemblée générale, avec ce que j'appellerai, pour exprimer ma pensée, le compte Matière, l'existence réelle et effective sans majoration des titres ou valeurs correspondant à l'ensemble de nos provisions.

Jamais, j'ose le dire, dans aucune autre Société il n'a été apporté, dans les rapports de fin d'année, plus de clarté dans l'ensemble, plus de scrupule dans l'examen détaillé d'un portefeuille.

De même, ce qu'il est important de rechercher et de constater, c'est la valeur et le rendement de nos gages comparés aux charges de nos emprunts.

Les intérêts de nos prêts sont-ils régulièrement payés ? Y a-t-il des retards inquiétants pour le présent ou pour l'avenir de la Société ? Quelle est l'importance de ces retards comparés au chiffre total de la dette de nos emprunteurs ?

Ne se produit-il pas, au moment actuel, une atténuation tous les jours plus marquée dans le compte des semestres arriérés ? La crise agricole, dont le Crédit Foncier est peut-être le thermomètre le plus sensible, n'a-t-elle pas été la cause principale des quelques pertes subies dans les dernières années ?

Cette démonstration ne résulte-t-elle pas du seul examen des parties du territoire où se trouve accumulé ce que nous appelons le domaine du Crédit Foncier ? N'est-ce pas particulièrement dans les départements du sud-ouest de la France que nous avons été obligés, dans ces dernières années, de racheter les gages dont les propriétaires avaient été ruinés par le phylloxéra ?

La crise qui a sévi dans ces départements, après avoir atteint un maximum d'intensité, ne tend-elle pas à s'atténuer ?

Quelle est, enfin, l'importance des achats effectués, comparés à l'ensemble de notre créance totale ? Quelle est la perte probable sur la revente de ce domaine ? Y a-t-il, de ce chef, un danger quelconque pour l'avenir du Crédit Foncier ?

En face des quelques millions de pertes connues, détaillées dans nos rapports annuels, qui jamais n'ont été dissimulées, n'y a-t-il pas des provisions affectées spécialement à ces risques ? L'emploi de ces provisions, essentiellement facultatives, dues à mon initiative et à celle du Conseil d'administration et créées seulement depuis mon entrée au Crédit Foncier, n'est-il pas fait régulièrement dans les conditions prévues et réglées par le Conseil ?

Voilà, Monsieur le Ministre, les points essentiels sur lesquels j'appelle particulièrement votre attention. Tous ces points ont été traités avec la plus scrupuleuse exactitude dans mon dernier compte rendu à l'Assemblée générale, et je puis constater en terminant que les affirmations contenues dans ce compte rendu restent toutes sans contradiction.

Je joins à ma lettre la délibération, en date de ce jour, par laquelle le Conseil d'administration du Crédit Foncier a donné à l'unanimité sa complète approbation aux termes de ma réponse.

Veuillez agréer, Monsieur le Ministre, l'expression de mes sentiments les plus respectueux et dévoués.

Le Gouverneur,
ALBERT CHRISTOPHLE

Paris. — Imp. PAUL DUPONT 4, rue du Bouloi. — 468.7.90 R

www.ingramcontent.com/pod-product-compliance
Lightning Source LLC
Chambersburg PA
CBHW071339200326
41520CB00013B/3033